猿の眼

僕ノ愛スル器タチ

市川猿之助

猿の眼

僕ノ愛スル器タチ

市川猿之助

写真　渞　忠之
ブックデザイン　縄田智子　L'espace

猿の眼　目次

はじめに

人は自分がどれだけ成長したかを、なかなか認識する事が出来ない生き物のようだ。だから、一年ごとに刻まれる背比べの柱の疵《きず》のように、変わらない一点を定めることで、成長を相対的に知ろうとするのであろう。

歌舞伎という数百年の歴史を有する世界に身を置いていると、時々、自己と対象との間に厳然と存在する、余りに大きな時間軸の差を目の当たりにして、茫然と佇み、抗《あらが》うことのできない己の無力さに、思わず脱力してしまいそうになる。その歌舞伎の時空を遥かに凌駕《りょうが》する数々の骨董。それは、僕にとっての柱の疵であり、それらと向かい合う時、自己の成長を測るという視点を飛び越えて、人間という存在が抱える偉大さと儚《はかな》さに思いを馳せずにはいられない。一体、幾人の手を経たのだろうか。器の肌に描かれた景色を愛《め》でていると、ふとそんなことを考えてしまう。こちらから何を問いかけても、決して語ろうとしない寡黙《かもく》さが、より一層、この僕を蠱惑《こわく》する。それでも根気よく対峙していると、突然、無機質な物体が掌《たなごころ》の中で脈を打ちはじめ、まるで生命を宿したかのように、仄《ほの》かな温もりを帯びてくる。そこで、再び問うのである。

「君は一体、幾人の命を奪ってきたのだ」。この得体の知れない不気味な物体は、やがて僕の魂をも吸い取ってゆくのであろう。そして、その恐ろしい魔性を美しい肌に秘めたまま、これからも永遠に生き続けるに違いない。とすれば、見る者の心を摑《つか》んで離さないあの風景は、もしかしたら、骨董に飲み込まれていった道楽者たちの喜びの、あるいは、哀しみの血なのかもしれない。

それでも僕は、愛し続けるであろう。果てしなき欲望の海で、逡巡《しゅんじゅん》と決断を繰り返しながら、生涯の友を探し求める航海を続けるであろう。もう、後戻りは出来ないのだから。

半泥子の茶碗

藝は人なり。芝居には、その人物の人となりが表れる。ひとつの物事を極めるには、弛《たゆ》まぬ努力、厳しい修練や技術の会得が必要不可欠なことだが、究極は人間性ということである。

〈払雲《ふつうん》〉と名付けられたこの赤楽茶碗。高台がどうだの、轆轤《ろくろ》目がこうだのという茶碗の見方は皆目わからぬずぶの素人だが、手に抱いた時の何とも言えない温もり、白釉の下から赤土がほんのり桃色に透ける風情は、雪融けの春の訪れを思わせる。しかし、ただ親しみやすさばかりではない。どことなく漂う柔らかな気品。拒絶するでもなく、媚びるでもなく。出会った途端に、私は一目惚れしてしまった。

作者は川喜田半泥子《かわきたはんでいし》。十五代続く伊勢の豪商に生まれ、「東の魯山人《ろさんじん》、西の半泥子」「昭和の光悦」とまで謳《うた》われた人物である。が、プロの陶芸家ではない。

百五銀行の頭取まで務めた経歴を持つ立派な実業家で、決して作陶を生業《なりわい》とはしなかった。陶芸は彼にとってどこまでも余技であった。生涯の作品数は三万点に及ぶとも言われているが、生前に自作を売ることはなかったという。

陶芸の他、書、絵画、俳句、写真などもよくした。なかなかのユーモア溢れる風流人であり、営業目標を達成した支店に優勝カップを贈った。そこに書かれてあった文字「幽照勝夫」（ユウショウカップ）。「大夢出門」（タイムイズマネー）なる書もある。号も様々で、無茶法師、莫加野盧（バカヤロウ）、鳴穂堂（ナルホド）主人、部田野六郎（下手のロクロ）等々。どこまでも洒落た人だ。

一日の終わりに茶を喫する。ここ最近の小さな楽しみである。点前はというと、裏も表もないまったくの無茶流。それでも心落ち着くひと時である。茶碗はそれだけで立派な鑑賞の対象であるが、やはり茶を点ててこそ初めて血が通い、生命が宿るのではないかと思う。半泥子の号は、「半ば泥《なかなず》みて、半ば泥まず」の意。まさに、地にしっかりと足をつけながらも、心の赴くまま融通無碍《ゆうずうむげ》に遊んだ彼の生き方そのものではないか。それこそわが理想とするところである。その彼の手になる器で茶を飲めば、銘の如くに迷いの雲も晴れ、自由の境地へと魂を解き放ってくれるのである。

川喜田半泥子作　赤楽茶碗　銘「払雲」

骨董愛玩

二〇〇九年に放映されたNHKドラマスペシャル「白洲次郎《しらすじろう》」。

その中で、私は青山二郎《あおやまじろう》を演じた。小林秀雄《こばやしひでお》に骨董愛玩《こっとうあいがん》の面白さを教え、弟子の白洲正子が親しみを込めて「ジィちゃん」と呼ぶその人である。

恥ずかしながら武原はんの亭主だったということくらいの知識しかなかったため、役の研究にと、まずは彼の著書を取り寄せてはみたものの、僅《わず》か数頁でその独特の文章力に音《ね》をあげてしまった。また、宇野千代著『青山二郎の話』をはじめ、彼について書かれたものを数冊漁《あさ》ってみたが、どうも掴めない。それも当たり前の話で、掴みどころのないのが青山二郎なのである。

そこで、思い切って彼が足繁く通っていた古美術商「壺中居《こちゅうきょ》」を訪ねてみることにした。同業の名立たる老舗《しにせ》が肩を並べる日本橋にあって、東洋古美術を扱う屈指の名店である。そこに足を運べば、きっと何か発見がある。頭がダメなら足を使え。いわゆる、フィールドワークというやつである。入るのに相当な覚悟が要った。重厚な店構えに気圧《けお》されたのではない。それは、皿でも壺でも何でもいいから必ずひとつ買って帰るという明確な目的があったからだ。入り口を入ってすぐのケースには、店が扱う中でも比較的手頃な品々が陳列されている。もちろんそれらでさえ、初心者が気軽に求められるようなものではない。しかし、こちらは不退転の決意である。青山と同じ体験をしたならば、彼の人物が万分の一でも理解できるに違いない。端《はた》から見れば悲壮感さえ漂っていただろう。

結局、私は青山二郎を演じたのではなく、私の青山二郎を演じたに過ぎなかった。手の届きそうなところにいるようで、摑まえようとするとたちまち杳《はる》か彼方に遠ざかってしまう。写真の彼のように飄々と。何の痕跡も残さず。

残ったのは、李朝の総鉄釉瓶だけだった。そうしてこれが、わが骨董愛玩の記念すべき第一号となった。「お前なんか知らないよ」とあの世から叱られるかも知れないが、密かに自分は青山学院の系統に連なる者だと思っている。青山さん、いや、青山先生。許してくれますよね？　だって、たとえ一度でも、私は貴方になったのですから。

李朝　総鉄釉瓶

わが愛しの酒器

「備前の徳利に斑《まだら》の盃《さかずき》」は酒を愛する者たちの憧れである。ということを最近、知った。元来、酒には滅法弱い。グラス一杯で、というやつ。下戸《げこ》の家系に生まれたのだから当たり前だ。と、最近まで思っていた。

映像の仕事をするようになってからというもの、酒を飲む機会が一気に増えた。死ぬまで（これは決して大袈裟《げさ》ではない）同じ仲間で支え続ける歌舞伎の舞台とは違い、映画やドラマの座組は作品ごとに変わる。いわば一期一会《いちごいちえ》。長い稽古があるわけでもなく、現場で初めましての挨拶を交わしたその傍《そば》から、夫婦や恋人同士を演じなければならない。

では、人が短期間で打ち解けることが出来る最良の方法は？　それは、同じ釜の飯を食うこと。それが酒なら、なおいい。実際、酒を汲《く》み交わせば、今日初対面の共演者も、忽《たちま》ち旧知のように感じられてくる。そんなこんなで数を重ねる内、慣れぬ酒もそれなりに飲めるようになってきた。そして、だ。ある日突然、苦い麦酒《ビール》が苦くなくなった。大人への階段を上った瞬間である。そう、クレソンやピクルスが食べられるようになった、あの瞬間だ。現在では、ひと汗かいた後のひと口がたまらない、などと曰《のたも》うているのだから全く始末に負えない。気がつけば、手元には魯山人の備前徳利と、唐津の沓《くつ》盃。これでは、最早《もはや》、下戸とは言えまい。

酒があれば、料理は一段と旨い。そこに酒器を愛でる楽しみが加われば、夕餉《ゆうげ》は何物にも代え難い至福のひと時となる。殊《こと》に唐津は、酒を飲ませれば飲ませるほどに表情が変わってゆく。その歪《いびつ》な姿は、小さいながらも桃山期独特の風を備えており、まるで桃山茶陶のミニチュアを見ているようだ。掌の収まりも、まことによろしい。そこにすっかりと魅せられ、分不相応《ぶんふそうおう》ながらも、わが所有するところとなった。

ゆえに、今ではこの盃を育てるために、半ば義務的に晩酌していると言っても過言ではない。その甲斐あってか、青味がかった肌が、所々、枇杷《びわ》色に変化し始めている。全体がトロリとした風合になるには、あと何年、いや、何十年かかるだろうか。なんとも気長な話ではある。が、そこがまた、日本人らしい器の楽しみ方でもある。

唐津沓盃

合縁奇縁

最近、嬉しい出会いがあった。本来は前回の話の続きで、北大路魯山人の徳利を登場させるつもりであったが、急遽《きゅうきょ》、演目変更ということで、今回はその出会いについて書くことにする。

慶應義塾大学の同級生に千方可《せんまさよし》がいる。言わずと知れた、武者小路千家家元十五代後嗣《こうし》の千宗屋《そうおく》氏である。飄々《ひょうひょう》としたところは、さながら現代の仙人とでも言おうか。五百羅漢に絶対いそうな雰囲気。寒山拾得《かんざんじっとく》でもいい。彼と出会ったのは、薬師寺の管長を長年務められた故・高田好胤《こういん》師のお引き合わせであった。同級生と知ったのは後々のことである。今でも強烈に印象に残っているのが、特注品の黄色いルイ・ヴィトンの茶碗ケース。その中から、ひょいと取り出したミニチュアの掛軸が、なんと中国の敦煌《とんこう》から出たという経文の断片だから恐れ入る。その時の彼は、間違いなくドラえもんだった。

それからは本の企画で鼎談《ていだん》をしたり、鏡獅子を踊った折には、劇中での帛紗捌《ふくささば》きを教わったりと暫く交友が続いたが、お互いが忙しくなっていったせいもあって、そのうちに自然と音信不通になってしまった。

縁あれば切れたようでも切れず、縁なくば離れたくなくとも離れてゆく。縁とはまことに不思議なものである。昨年の暮、その縁を取り持つ女神によって、旧交を温める機会がもたらされた。いかに時間が経っていても、そこは旧友の誼《よしみ》、会えば忽《たちま》ち打ち解ける。近況報告もそこそこに、早速、骨董談義に花が咲いた。そして、四次元ポケットから取り出されたのは、最近巡り会ったという百済《くだら》の金銅仏。あの頃と全く変わっていない彼。そして自分。

写真の絵唐津は、大阪の谷松屋戸田商店さんから譲っていただいた。かの松平不昧公《ふまいこう》も御用達であった茶道具商の老舗である。縁をつないでくれたのは千方可である。縁が縁を呼び、縁あって我が手元に来たこの茶碗。博多公演の間際だったため、長の別れとなるを耐えられずに旅先へ同道、朝な夕なに茶を楽しんだ。蒔絵を施した金繕《つくろ》いが、いかにこの品が大切に伝えられてきたかを物語っている。

さて、この器にとっては何年ぶりの九州への里帰りとなるのであろうか。想像するだけでも楽しい。これまた縁である。

絵唐津茶碗

ぶち割れ徳利

北大路といえば……欣也《きんや》。そう、僕らにとって魯山人はもう歴史上の人である。漫画『美味《おい》しんぼ』で、その存在を知った方も多いと思う。鹿賀丈史《かがたけし》さん司会の「料理の鉄人」というテレビ番組を覚えておいでだろうか。審査員の一人であった平野雅章《ひらのまさあき》氏の紹介で、「かの魯山人の最後の愛弟子《まなでし》」というフレーズがあった。読み上げる福井謙二《ふくいけんじ》アナウンサーの声と共に、妙に記憶に残っている。

ある日、銀座の店にふらっと入り、たまたま開かれていた展覧会で湯呑を求めた。それが魯山人作品を手にした最初だった。正直、物自体よりも、名前への憧れの方が強かった。彼についての評伝を数冊読んでみたが、エピソードには事欠かない、実に物語向きのキャラクターである。続いて、彼の書いた物を集めた『魯山人陶説』を読んだ。論旨《ろんし》明快、鋭い見識に只々《ただただ》感服である。それから熱に浮かされたように、盃、徳利を数点集めたが、現在、手元に残っているのは、この備前の徳利と、盃ふたつ。

魯山人の器の魅力は、本歌取りの見事さにあると思っている。古の美を徹底的に追求し、その本質を完璧に再現してみせる。その手腕はまさに天才的、神業《かみわざ》といっていい。しかも、そこには確たる理論的裏付けがある。しかし、非の打ち所のない完全な美はどこか冷たい。聖人君主のように。美はどこまでも肉感的なものでなければならないのではないか。

この徳利には金継《きんつ》ぎが施されているが、元々のものではない。ふとした粗相《そそう》で割ってしまい、余りに勿体《もったい》無いので修理に出した。腕利きの職人のお蔭《かげ》でご覧の通りの姿に甦《よみがえ》ったのだが、金継ぎという新たな衣を纏《まと》ったせいか、以前より、断然魅力が増したように思うのは贔屓目《ひいきめ》というものであろうか。それで思い当たることがある。かの青山二郎は味付けと称して、器を煮たり焼いたり、果ては故意にぶち割って継いだそうである。決して素人が真似すべき行為ではないが、その気持ちが少しわかったような気がした。

完璧な人間などいない。だからこそ、われわれは不完全なものにより惹《ひ》かれるのではないだろうか。備前の徳利が手元に残ったのも、疵《きず》が出来たればこそと思う次第である。

北大路魯山人作　朝鮮土 さけのミ（右）
北大路魯山人作　黄南京六瓢文六角盃（左）

北大路魯山人作　備前徳利

古美術商の眼力

京都の縄手通り新門前・古門前界隈《かいわい》は、日本有数の骨董街として知られている。様々な分野の古美術商が大小軒を連ねており、店頭に並ぶ品物も、縄文土器から李朝家具、古裂《こぎれ》、浮世絵の類までと、実に多岐にわたっている。ほとんどの店の看板が、日本語とローマ字で書かれているという光景も、海外からの観光客が多い土地柄ならではだ。

手元に、青柳恵介著『柳孝《やなぎたかし》 骨董一代』（新潮社）という一冊の豪華な本がある。帯には「川端康成、白洲正子、小林秀雄ら名だたる文人たちを心酔させた伝説の骨董商」と記されている。その柳さんの店が、ここ新門前にある。取り扱われる品々はどれもが超一級品で、思わず息を呑《の》むほどの名品ぞろい。「東の瀬津、西の柳」と並び称され、最高の格式を誇る老舗として、古美術界の最高峰に君臨している。

こんな名店を一度は訪れてみたいとは、古美術愛好家なら誰しもが思うところ。しかしながら、いかにせん敷居が高い。とかく世に名だたる店の凜《りん》としたたたずまいは、客に足を踏み入れることを躊躇《ちゅうちょ》させるものである。入り口に立てば、浄瑠璃の『袖萩祭文』の詞章ではないが、「この垣ひと重《え》が鉄《くろがね》の……」という暗たんたる心持ちになってしまう。

幸いな事に、著者の青柳さんとは少なからぬ縁がある。早速、柳さんへの仲介を厚かましくもお願いすると、快く引き受けて下さった。約束の時間に恐る恐る店を訪れると、華奢《きゃしゃ》な身を背広で包んだ柳さんが、晴れやかな笑顔で出迎えて下さった。一気に緊張が解ける。なんだか伝説上の人物と出会った気分である。

初対面にもかかわらず、こちらの不躾《ぶしつけ》な質問にも丁寧に答えて下さり、信楽の大壺ブームにまつわる苦労話をはじめ、ご自身の様々な体験まで披露していただいた。

現在に至るまでいろいろな失敗も経験されたが、一生に一度という逸品との出合いもあった。独立間もない若い時分の事。清水の舞台から飛び降りる覚悟で買い求めた硯箱《すずりばこ》があった。これが何と源氏物語絵巻などに描かれている平安期の硯箱で、この時代で現存するものとしては、今のところ日本で唯一の品物ということである。

貴重なお話を伺う中で、とても印象的だったのは、どんなに相好が崩れても、決して鋭さが失われることのない柳さんの目である。瞬時にして本質を見抜いてしまう眼力。この目に触れなければ、かの硯箱も永久に我々が見ることが出来なかったであろうことを思うと、この人の手によって、どれだけの日本の文化財産が守られて来たか計り知れない。美術館に収まるべき品がきちんと収まっている陰には、こういう古美術商人たちの地道な尽力があることを忘れてはならない。

さて、その道を究めた人の口から語られる言葉というものは、不思議と普遍的示唆に富んでいる。

「多少無理してでも、自分の手が届くよりも少し上のものを買え。そうしなければ目が肥えない」と柳さんは言う。

人は、自分と等身大のものとばかり向き合っていては、いつまでたっても成長はしないもの。ハードルの高いものに挑戦してこそ、初めて成長を遂げるものである。

今日も、そしてこれからも、柳さんのあの目は何を見つめ、何を思い続けるのであろうか。

古備前徳利　銘「金泉」

縄魂弥才

端正な造りの箱から取り出されたのは室町時代の信楽《しがらき》の小壺「蹲《うずくまる》」。目の前に置かれた瞬間、その小さな身体から放たれる圧倒的な迫力に、思わず息を呑んだ。堂々とした姿。縄文土器に見紛《みまが》うほどのどっしりとした風格。肩に廻された檜垣《ひがき》文《もん》は、明らかに装飾というより呪術的だ。うねるような、渦巻くような、縄文の魂とでも言うべき原初のエネルギー。信楽といえば狸《たぬき》というお粗末な知識レベルでは、到底理解し得ない範疇《はんちゅう》のものであった。

なんでも関西のある美術館が所蔵していたとか。なるほど名品である。元来は種壺として用いられていたものが、侘び茶の流行と共に忽《たちま》ち茶陶として珍重されるようになったのだが、日常の何気ない雑器に美を見出した古《いにしえ》の茶人たちの慧眼《けいがん》にただただ感服するしかない。

極めて縄文的な側面と、極めて弥生的な側面。この両者がわが国の歴史においては、あざなえる縄のごとく立ち現れてくる。パトスとロゴス、闇と光。この視点から眺めてみると、まさに室町という時代はそれまで理性によって抑え込まれていた情念的なものが復活してくる時期であり、よってこの古信楽の蹲にはその雄渾《ゆうこん》な縄文の精神が見事に表れている。

アリストテレスは、理性を持っていることで人間が他の動物と区別されると定義している。確かに人は理性なくしては社会で生きてゆけない。しかし、理性だけでもまた生きてはゆけない。われわれを突き動かしているのは多くの場合、理性であるよりも情念なのではないだろうか。人は誰しもが心の奥底に混沌とした闇を抱えているだろう。そして、特に偉業を成し遂げた人物というのはその闇が深いように思う。闇がちょっとやそっとでは埋まらない巨大なものであるからこそ、普通の人がなし得ないような大きな仕事をするのである。闇のパトスこそ人間の原動力といえよう。

「和魂洋才《わこんようさい》」という言葉に倣《なら》えば、これからの人類は縄文の魂と弥生の才知、つまり「縄魂弥才《じょうこんやさい》」でもって生きてゆくのが最善の道なのではないだろうか。その意味でこの蹲はわれわれのあるべき理想の姿のような気がする。

縄魂
Jōkon
二代目 市川亀治郎
平成二四年五月三一日
亀治郎として
迎える最後の日に
之を記す

古信楽蹲　銘「縄魂」

造形の力

哲学者・梅原猛《うめはらたけし》氏は劇作家でもある。今までに能、狂言、歌舞伎、舞踊劇など数多く手掛けられており、そのどれもが非常に独創的で、氏独自の切り口の作品となっている。

そもそも劇作家としての始まりは、伯父の猿翁《えんおう》（当時は三代目猿之助）との交流から生まれたスーパー歌舞伎であった。『古事記』の現代語訳をされていたある日、氏はヤマトタケルの劇化を突如として思い立たれる。なんでも瓜二つの大碓《おおうす》・小碓《おうす》兄弟の件《くだり》が一人二役の早替りに、白鳥になって天へ飛び立ってゆく姿が宙乗りに、それぞれ重なったということである。こうして昭和六十一年（一九八六）に「ヤマトタケル」が初演された。豪華絢爛な衣裳や装置、そして何よりも現代語で語られる歌舞伎の誕生に人々が沸いた。

梅原戯曲の新しさは、悪役に素晴らしい哲学を語らせたところにあると思う。

歌舞伎の物語は勧善懲悪であり、悪役は絵に描いたような極悪非道と決まっている。暴虐の限りを尽くし、最後は正義の味方によってあっけなく退治されてしまう。しかし、「ヤマトタケル」における悪役はそうではない。主人公に敵対する蝦夷《えみし》の首領からは、死の間際、次のような台詞《セリフ》が語られる。

「お前たちが持ってきたのは鉄と米だ。我らが自由に走り回っていた天地をお前たちは奪って、田を作り米とやらを作る。それを取り返そうとすると、鉄の武器で追い払う。鉄の武器と米、それだけがお前たちの宝だ。だが我らは違う。我らは人間の心の中にこそ宝があることを、ずっと前から信じてきたのだ」

そもそも歴史は勝者によって創られてゆく。これは中国史を見れば明らかなように思われる。自分たちの正統性を証明するため、先の権力者は徹底的に悪者に仕立て上げられる。しかし、それはどこまでも相対的なものであって、前王朝からすれば、今の権力者の方が悪なのである。何が善であって、何が悪なのか。梅原戯曲は見事にそこを衝《つ》いた。

契丹人《きったんじん》によって建国された遼《りょう》の鶏冠壺《けいかんこ》を見るたび、遊牧民の造形能力の高さに驚くとともに、右記のようなことを考えずにはいられない。

鶏冠壺　遼時代（10～12世紀）

健康の秘訣

ここ数カ月は襲名披露の興行《こうぎょう》やら、それに関連する諸々《もろもろ》の行事やらで、すっかり日常からお茶が遠のいてしまっている。湯を沸かして茶を点てるという、本来なら何気ない習慣であるべきはずの喫茶という簡単な行為さえも、やはり何かと気忙《きぜわ》しい日々では特別な意識を持たなければなかなか難しいものがある。目まぐるしい現代において、一日の終わりにひとり茶を飲むことが、自己と向き合い、心の平安を得ることに繫がるとするならば、私には最早《もはや》ほんのひと時の安らぎさえも許されていないのではないだろうか。

普段は甘党というわけでは一切ないのだか、疲れた時など無性に甘いものが欲しくなったりする。それと同じように、多忙の日が続くと無性に古陶器を手にしたくなる。自分の中ではどちらも本能に基づくもので、心身が生存の危機を察知した結果だと思っている。私にとっては古陶器だが、それが人によっては音楽だったり、絵画だったり、あるいは旅行なのかもしれない。

困ったことに予定が詰まって身動きがとれない時ほど、この欲求は大きくなってくる。さりとて、実際に物と対面しないことには始まらない。矯《た》めつ眇《すが》めつ気の済むまで眺め回し、掌に包んで自分との相性を測り、主人と会話をしながらお互いが肚《はら》の探り合いをする。この極度のスリルを伴う一連の動作を含めて、骨董買いの楽しみなのである。

劉備《りゅうび》には諸葛亮《しょかつりょう》というように、為政者《いせいしゃ》には必ず御意見番が存在した。自分は茶陶に関しては好きというだけで全くの素人だから、獲物を見つけては写メールで送って意見を求める軍師がいる。彼の見解に間違いはまずなく、情報量も膨大である。尋ね人も得意とあって、こちらの要望を伝えておくと、数日たたずして希望通りの品を見つけて写メールが送られてくる。彼の目にかなったのだから、実物を見なくとも安心して手元に置くことができる。

あらゆる過程をすっ飛ばして、何とも味気ないことではあるが、背に腹は代えられぬ。ここ暫《しばら》くはこの頼もしき友人を煩《わずら》わせることになるだろうが、お蔭で我が心の健康は保たれそうである。

無地唐津盃

敢えての果てに見えるもの

日本文化の特徴を端的に言い表す言葉のひとつに「侘び」「寂び」がある。ゲイシャ・フジヤマと並び、海外でも立派に通用するグローバルな言葉である。では、それが何かと問われれば、曖昧模糊《あいまいもこ》、漠然としていて内容をはっきり定義することが難しい。おそらく日本人の多くが説明不可能であろう。

「いや、曰《いわ》く言い難い雰囲気こそが侘び寂びなのだ」と言われてしまえばそれまでだが、どうも巧妙なトリックにかけられているような気がしてならない。臭いものには蓋とは言い過ぎかもしれないが、何かそれに近いものを感じてしまうのだ。

腹八分目の藝《げい》というものがある。十分の技量があれば、それを全て出し切ってしまうのではなく、八分に抑えてやる。それが所謂《いわゆる》、大人の藝だということなのだが、気をつけなくてはいけないのが、〈十分の技量があれば〉という前提である。

十の力を持てる人が敢えて八に抑えるからこそ、そこに得も言われぬ趣《おもむき》が出てくるのであって、五、六分の力量しかない者が八分に抑え、したり顔でいくら気取ってみたところで、それは単なる力不足でしかない。これは、「知っててやらない」ことにも通じる。我々はよく先輩から「やらなくてもいいけど、知っておきなさい」と、さまざまなことを教えられる。知らないでやれないのは無知。知ってて敢えてやらないのが妙味。

物事の全体を見せることよりも、その一部を提示することで、見る側に全体を想像させる。日本文化の得意とするところである。眼前の景色をそのまま描写してしまえば、それ以上でも以下でもなくなってしまう。「見渡せば花も紅葉もなかりけり」と言い切ることで、却《かえ》ってそこに無数の花や紅葉が立ち現れてくるのだ。止まることを知らない人間の想像力を大いに活用した素晴らしい手法であると思う。

わざと薄汚い日常の器を用いて茶を飲むことが侘び寂びだと勘違いしてはならない。無の奥に、花が、紅葉が、知がなくてはならないのと同様、侘び寂びの奥には、どこまでも絢爛《けんらん》豪華な世界が垣間見られなければならない。眩《まぶ》い煌《きら》めきを敢えて抑えてこそ、そこはかとない余情が漂うというものであろう。

粉引平茶碗

京で猿を買ふ

此《この》長月の中頃、余、数カ月ぶりに労働から解放さる。ふと思い立ちて京《みやこ》へと上り、俗塵《ぞくじん》を離れて比叡山は横川《よかわ》に籠れる友が、今日まさに七日七夜に及ぶ薬師修法《しゅほう》の終えたるを思い出《い》だし、早速《さそく》に携帯手紙《メール》を送信す。程なくして「明日会わんとぞ思う」と返信《レス》あり。

かくして翌日、洛中の某所《あるばしょ》に友を訪《おとな》う。此処は彼の牙城たり。暦の上では秋と雖《いえど》も、残れる暑さ殊《こと》のほか強く、丁度昼時とて、冷やし饂飩《うどん》の饗応《もてなし》を受く。その後、城主の案内《あない》にて庭に出ずれば、渡り廊下に立礼席の設《しつら》えあり。実に洒落たる趣向に、感嘆すること頻《しき》りなり。ただ、吹き抜けるそよ風はいと心地良けれど、生き残ることに必死な蚊の猛攻凄まじく、蚊遣《や》りの煙りも虚しく、蚊に喰われながらの喫茶となりぬれば、キンカン茶会とは是如何《これいか》に。

この二人は顔を合わせれば骨董談義に花が咲く。この日も茶を飲みつつ、互いの情報交換に余念なければ、何時《いつ》もの如く煩悩がムクムクと頭をもたげ来たり。もう矢も盾も堪《たま》らず、これより新門前辺りへ巡回《パトロール》に行かんと欲《ほっ》す。折から、ゴロゴロと雷鳴聞こゆ。是《これ》ぞまさしく我らが出陣の合図なりと、おっとり刀で駆け出だす。

　道具屋あまた軒を連ねし中に、老舗にはあらねど、ちと面白き店あり。友に連れられ内に入れば、骨董屋らしからぬ風体の主人《オーナー》が出《い》で来たり。聞けば一つ違いの同世代とあって、忽《たちま》ちに打ち解けぬ。こちらの所望するに応えて取り出だされる品々は、そのどれもが筋の良きものなれば只々感心感心。

　中に、カイザルと書かれし箱あり。何《なに》ならんと蓋押し開けみたれば、通称〈掘りの手〉と呼ばるる絵唐津の小服茶碗なり。成程、描かれし戯《ざ》れ絵がカイザル髭《ひげ》に然《さ》も似たり。味わい、手取り共に申し分無ければ、此《これ》を他人《ひと》に渡してなるものかと例の悪い癖より、即刻、所持金《ありがね》叩《はた》いて余の所有とせり。嗚呼《ああ》、嬉しや嬉し。扨々《さてさて》、余は数年《すねん》前、大河芝居《ドラマ》「風林火山」に於《お》いて、武田信玄役を務めしが、其の信玄公は世に甲斐の虎と呼ばれたり。故に、此茶碗の銘をば、カイザルに因みて「甲斐猿《かいざる》」とせり。我乍《なが》ら天晴《あっぱれ》なる命名哉《ネーミングかな》。亦《また》友の曰《いわ》く、信玄公はカイザル髭ならんや、と。皆々、打ち揃いて手を叩き、快哉を叫びぬ。

絵唐津茶碗　銘「甲斐猿」

茶碗は傾城《けいせい》に似たり

京都を旅する番組で様々な場所を訪れる。撮影は過密スケジュールを縫って組まれるため、未だ明けやらぬ早朝から一日がスタートすることになる。観光客が押し寄せる前のひととき、名所は驚くほどの静寂に包まれ、普段見慣れた姿とはまったく違う相貌《そうぼう》を呈する。誰もいない堂内で御仏《みほとけ》と一対一で向き合えば、張りつめた空気に思わず背筋がのびる。なかなか見る機会を得ない風景や文化財に触れることができるのは、まさにナビゲーター冥利《みょうり》に尽きるというもの。

ロケが終わるのが、だいたい日が落ちた頃。せっかく京都に来たというのに仕事漬け、好きな町歩きもなかなかできない。当たり前のことなのだが、それでは余りにも悔しい。そこで、撮影の合間を見つけては近くの店に入ってみる。最近は喫茶にハマっているせいか、やたらとお茶屋さんが目に留まって仕方がない。「挽《ひ》きたてあります」という紙などが貼られていると、ついつい衝動買いをしてしまう。結果、いろいろな銘柄を口にすることになり、飲み比べてみると、それぞれに甘さあり、渋味ありで、抹茶なんてどれもこれも苦いばかりだと思っていた概念をすっかり打ち砕いてくれた。興味を持てば、見えないものが見えてくるものなのである。

茶碗に対しても同様のことが言える。古かろうが新しかろうが、何焼だろうが、どんな形であろうが、器としての役割さえ果たしていれば構わないと思っていた。そんなものに大金をはたくなんぞは愚の骨頂だと。それは違った。深みにハマってみれば、傾城買《けいせいが》いもなんのその。果ては口当たりがどうの、肌触りがこうのと蘊蓄《うんちく》まで傾ける始末。いやはや手に負えぬ。

過日、支払いがあって出掛けた古美術商「柳孝」で、この唐津の筒茶碗に一目惚れ。どうも気が多くていけない。茶箱に組まれていた品とあって、探し求めていた旅茶碗には最適の大きさ。先の主が永年にわたって愛用していたとみえ、伝世の味わいも見事なものである。これを他人に寝取られてなるものか。もうこうなったら、恋路に迷う封印切《ふういんきり》。お蔭で柳さんには当分通い続けなくてはならなくなってしまった。

唐津筒茶碗

絵唐津筒茶碗
古田織部作茶杓
織部茶入　銘「面壁」

古染付麦藁手湯呑（左）
六代清水六兵衛作湯呑（右）

四代猿之助蔵

酒にはご要心

磁器のカチッとした硬質な肌にはどうも馴染めぬ。萬暦《ばんれき》の官窯の器などに見られる、あの一点一画をも揺るがせにしない緊張感は、確かに素晴らしいものだが、人間離れした完璧な姿が、何だか見ている側を少々疲れさせてしまう気がする。

そこへゆくと、李朝物は実に親しみ易い。中でも、粉青沙器《ふんせいさき》の得も言われぬ温もりなどには妙な親近感を抱く。それが、傷ついたり釉薬が剝《は》げたりした不完全な姿形が、自分に重なる故に抱くものなのか、或《ある》いは、器が湛《たた》える大らかな柔らか味が己自身に無いものだから抱くものなのか、そこは俄《にわ》かに計り兼ねる。

生来、酒に滅法強いというわけではないが、付き合いを重ねる内、人並みには飲めるようにはなった。それがある日、唐津の盃と出会ってからというもの、酒器蒐集に凝り出したから始末が悪い。それも背伸びをしてこそ成長するものだとばかりに分不相応な買い物をするのだから尚、悪い。まあそのお陰で幾つか手元に集まったは集まったが、其処此処《そこここ》に借りも出来た。主人たちには随分と迷惑を掛けているが、ある時払いの催促なしで、皆一様に「いつでも結構ですよ」と言ってくれる。このひと言についついひとつの払いが終わらぬうちに次をいってしまう。だから雪だるま式に借金が増えてゆく。

長年の使用で器の肌にシミがついたり変色することを、味がつくと言う。単に薄汚れただけなのだが、日本人はその雨漏りのようになった景色を愛で、ぶち割れた陶片も、丁寧に金継ぎを施すことで、そこに新たな価値を見出してゆく。他国の人間にはなかなか理解されない感覚だと思うが、それによって本来破棄されるべき運命にあった器の命がどれだけ救われたことか。この盃も恐らくその一つであろう。

酒を注げばほんのりと頬を染める。トロリとした味わいになるまであとどれだけの時間と酒を要するだろうか。何とも気長なことではあるが、育てるも亦《また》、楽しみというもの。ここ最近は酒そのものより、器のために飲んでいるようなものだが、味より先にこちらの身体が悲鳴をあげることにならぬよう心せねばなるまい。

唐津皮鯨沓盃

煩悩即菩提

「これでお茶を喫《の》むとおいしいんですよ」このひと言にハッとした。そうだ、茶碗というものは、そもそもお茶を美味しく頂くための容器なんだ。この当たり前の事実を改めて知らされた瞬間である。

茶を嗜《たしな》むようになってから、今まで何の興味もそそらなかった茶碗というものに、俄然、食指が動き始めた。が、それが運の尽き。好みにドンピシャのものがあれば、我が掌中に収めずにおくものかと、懐具合はそっちのけ。お蔭でやり繰りに四苦八苦。しかしながら、人間の骨董欲とは恐ろしいもので、走り出したら最後、決して止まることを知らない。唐津の小服に出逢えば、座右の器として生涯をかけて愛用しようと、打ち止めを誓うのだが、この誓いはすぐに破られることになる。絵唐津の筒茶碗なぞに巡り会った日には、これまた懲りずに清水の舞台から飛び降りるのだから、命がいくつあっても足りない。

そんな燃え盛る煩悩の火をフッと沈めてくれたのが、冒頭の言葉である。木を見て森を見ず。利休は道具茶というものを戒めた。何のための茶であるか、と。恥ずかしながら自分は茶まで忘れていた。だから道具茶でさえなかった。あくまで茶が主であり、道具はどこまでも従である。何もこんなわかりきったことをわざわざ書かなくてもと思われるかもしれないが、当たり前のことこそ、当たり前ゆえに見失ってしまうものである。

茶に意識を集中させる究極のツールとして、利休は長次郎に楽茶碗を焼かせた。手にすれば、まるで手のひらから直《じか》に茶を掬《すく》って飲んでいるかのような感触と感覚。器自体が存在を誇示せず、まさに茶の引き立て役。なるほど美味いはずだ。果たして、現代にこのような茶碗があるだろうか？　今や長次郎の茶碗といえば重文級になってしまっている。仮にその器で茶を点てられても、そのネームバリューに、器の存在を感じるなといわれても、なかなかどうして忘れられるものではない。

ということは、利休の精神に背《そむ》きはしまいか。などと考えつつも、目の前に出された仁阿弥の黒楽茶碗を手に取れば、「いただきましょう」との名台詞。いやはや煩悩は尽きぬ。

仁阿弥道八作　冨士絵黒楽茶碗

ぶつぶつ世迷言

生涯の友となる徳利や盃に出会うことが、酒徒たちの無上の喜びだという。青山二郎が「狸の金玉」と呼んだ粉引徳利「酔胡《すいこ》」。酒好きなら誰しも一度は手にしてみたいという名品だが、今は美術館の所蔵となっており、残念ながら指をくわえてケース越しに眺めるより他ない。もし同じ手のものが出たとしても、それこそ千万単位で、どこ迄《まで》も高嶺の花である。しかし、手に入らないとなると、余計欲しくなるのが人情というもの。超一級品とまでは言わないまでも、少しは自慢できる徳利と巡り会えないものか。

需要に対して常に供給不足というのがこの世界。世の中に決まった数しかない商品を不特定多数が争うのだから当たり前のことである。むしろ供給が足りていたら、そこに贋物《がんぶつ》の存在を疑《うたが》っていい。再生産が利かないため、悲しいかな骨董は常に最後の一個という運命。だから、もちろんお金を出さなければ買うことは出来ないが、出したからとて必ず買えるというものでもない。一にも二にもタイミングである。

さて、いつもの如く立ち寄れば、二階へどうぞとの主人の案内。逢瀬を重ねてようやく馴染みとなったのか？　はたまた既に術中に陥っているのか？　兎《と》も角《かく》も、目の保養にと所望すれば、数々の品が手際良く並べられてゆく。そんな中に、こちらの胸中を知ってか知らずか、網の仕覆に入れられたお預け徳利。よくよく見れば、粉引に見紛《みまが》う無地刷毛目《はけめ》。容子《ようす》といい雨漏りの具合といい、実に申し分のない逸品。これぞ探し求めていた我が友と、脇に抱えて連れ帰る。さあそれから暫《しばら》くが大変。寝ても覚めても想うは徳利のことばかり。手に取っては撫で回し、一人ほくそ笑む日々。

この異様な姿を見たならば、狐でも憑《つ》いたかと笑われるのが大方の落ちであろう。儘《まま》よ、笑わば笑え。肌の染みは、一朝一夕に出来たものならず。これ正しく先人たちの長年に亘《わた》る愛玩の賜物なり。などと嘯《うそぶ》きつつ、自分もまた足跡を残そうと、一対一の睨《にら》めっこ。アバタモエクボとはよく言ったものだ。それにしても、この徳利で呑む酒の何と美味いことか。おっと、又もや誹《そし》りを受けぬよう、今宵はこれ切り。

無地刷毛目徳利

魅惑の都

私にとっての京都は母の出身地ということもあって、わざわざ訪れる場所というよりも、郷里という感覚のほうが強い。お蔭さまで今年の正月に卒寿を迎えた祖母がいるので、今もって帰るという意識がある。

その一方で、南座や春秋座での公演、太秦《うずまさ》の撮影所、また最近ではＢＳ朝日「京都一二〇〇年の旅」のロケ等々、仕事で訪れることが多くなってきている。そして、古陶器に興味を持ち始めてからというもの、出掛けて行くという新たな楽しみが加わった。

これまで度々《たびたび》書いているが、お茶には器から入った。だから、茶碗ひとつを坐《ざ》辺《へん》に置いて眺めていれば、それで満足のはずだった。でも、お茶を点ててみようと思ってしまった。といって、抹茶と茶筅が普通の家庭にあるはずもなく、どこかで調達しなければならない。手っ取り早いのは、百貨店である。しかしながら、茶道具コーナーで初心者向けの入門セットを買うのも何と無く味気ない。第一、茶碗は歴《れっき》とした古陶である。どうせなら専門店で購入したい。それにはあちこち走り回らなければならない。というか、店を調べるところから始める必要がある。ここで大概《たいがい》は挫折してしまう。いや本当は、何だかんだ理由をつけて、茶の湯の深みにはまることを潜在的に避けているのかもしれない。

ところがだ、喫茶を思い立った場所がいけなかった。京都の寺町通を数百メートルも歩けば、大して移動することもなく忽《たちま》ちにお点前セットが揃ってしまうのである。竹細工屋もあれば、老舗の茶屋もある。おまけに骨董の茶碗まで。最《も》早《はや》、道具が手に入らないとの言い訳はできない。こうして瞬く間にお茶の虜《とりこ》になってゆく。これが京都という街の魅力でもあり、恐ろしさでもある。

この正月（二〇一三年）は元日が初日の大阪公演で幕を開けたが、如心斎《じょしんさい》によって「冬籠《ふゆごもり》」と名付けられた一盌が味気ない一ヵ月のホテル滞在に彩りを添える。やはり楽茶碗は茶の為に造られているだけあって、万事使い勝手が良い。

そう、勝手が良いとは、まさに京都の街を表すにぴったりな言葉ではないか。困ったことに、ここ暫《しばら》くはどうも京都通いを止《や》められそうにないようだ。

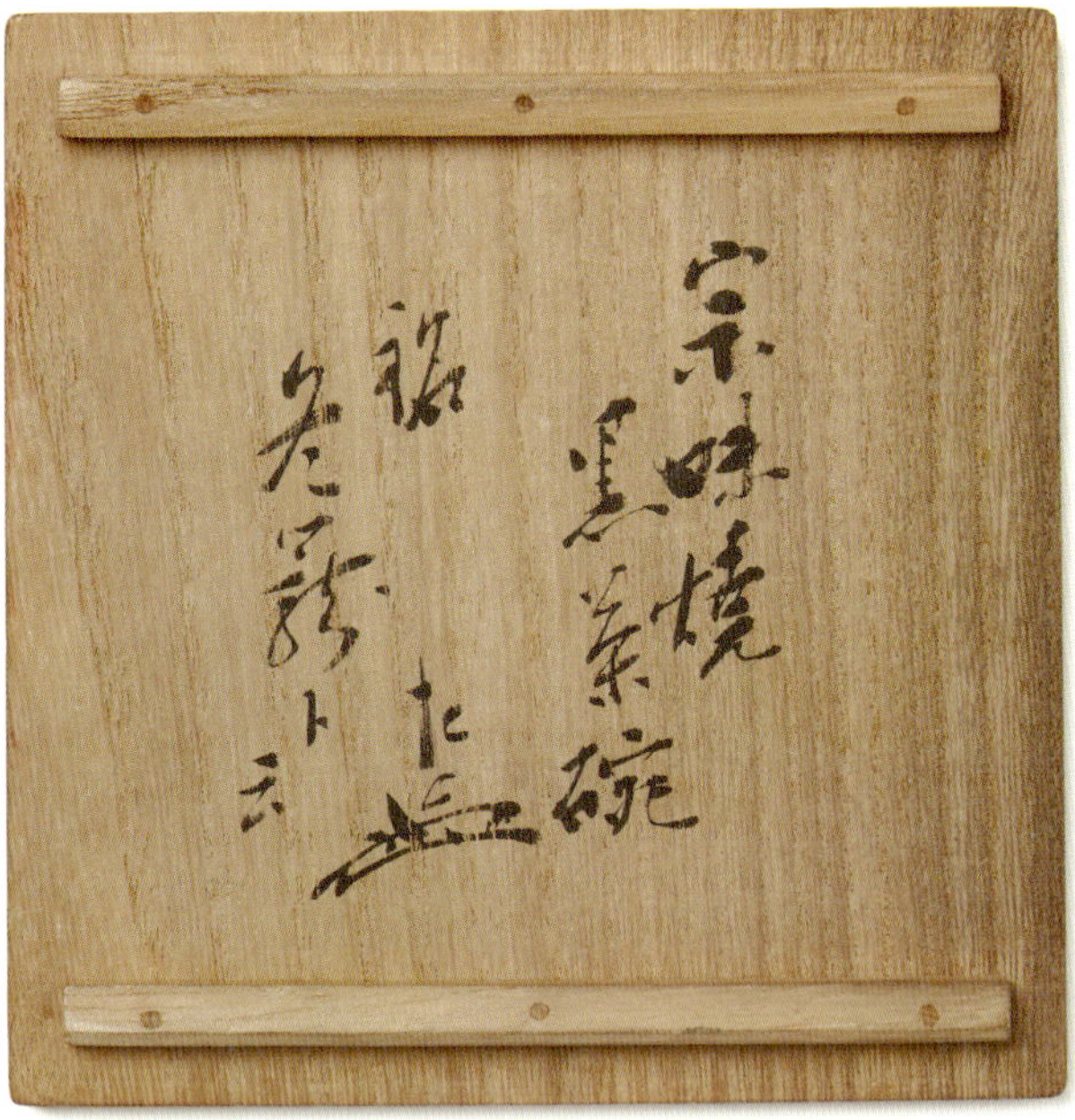
宗味焼 黒茶碗

宗味焼黒楽茶碗　銘「冬籠」

茶人の刀

思い内にあれば、色外《いろそと》に現《あらわ》る――とは、中国の古典『礼記《らいき》』大学篇にある言葉だそうだが、わざわざ海の外に典拠を求めずとも、「しのぶれど色に出でにけりわが恋は……」とわが国の歌人も詠んでいる。確かに恋をしている女性は滅法に美しく見えるものである。

また、世に名作と謳《うた》われている例えば絵画なり、彫刻なりは、やはりそれなりの雰囲気を漂わせているものであって、専門家でなくともその良さは伝わってくる。仮に作品が作者の内側の表現であるとするならば、彼の思想、或《ある》いは魂が崇高なものであれば、気品が自《おの》ずと外に現れ出てくるのは道理である。

〈古杓〉と書かれた詰筒から取り出された一本の茶杓。そもそも茶杓は茶人にとっての刀といわれるが、なるほど細身ですらっとした姿は、いかにも侍の刀といった風情であり、古格も具《そな》わっている。そこそこの茶碗を所有しながら、未だにティースプーンで抹茶を掬《すく》っている素人の自分をしてそう感じさしめたのだから、恐らくこれは徒人の手によるものではないであろう。何よりも隙がない。やはり作者は古田織部とのこと。そう聞いた上で改めて眺めてみると、櫂先《かいさき》から切止《きりどめ》まで、その端正な佇まいはまるで武士のようであり、それは正に本人その儘《まま》の姿ではないか。

紹鷗《じょうおう》から半泥子まで、茶を嗜《たしな》む者たちの多くが茶杓を自作しているが、たかが竹べらではないか。銘が何々だ、作者が誰某《だれそれ》だと喧《かまびす》しく言うほどでもないだろう。ましてや高額で取引されるなど、数寄者の心は微塵《みじん》も分からぬ。毎日新聞の記者であった高原慶三《たかはらけいぞう》も同じ思いを抱いていた。が、彼は取材を重ねる内、みるみる茶杓の魔力に魅入られ、遂には杓庵《しゃくあん》と号し、『茶杓三百選』なる名著を残している。そして、前述の銘をつけたのが、誰あろうこの杓庵なのである。後世に中身の作者とは別の人によって筒が作られた、いわゆる追筒と呼ばれる形式であるが、それこそ何百、何千と茶杓を実見してきた彼の極めだからこそ重みがある。

どうやらこの出会いによって杓庵と同じ道を辿ることになりそうだが、何よりも新たな世界に目を開かせて下さった、谷松屋戸田商店の戸田博さんに感謝である。

古田織部作茶杓

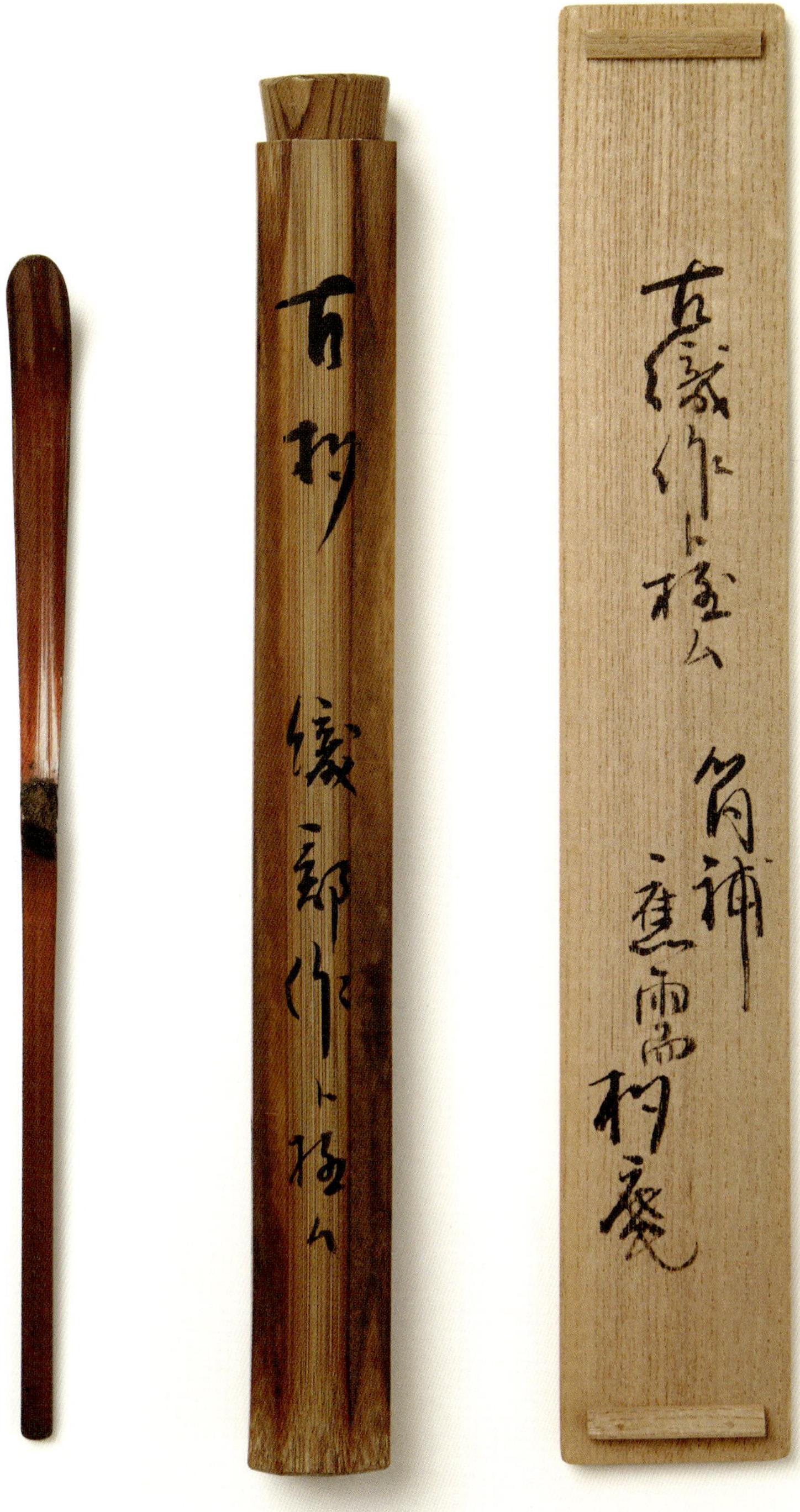

痒いところに手が届く

名古屋の御園座《みそのざ》が二〇一三年三月をもって一時閉館となった。その最後の公演となったのが自分の襲名披露興行だったのだから、これは一生の思い出になることは間違いない。伝統ある劇場が姿を消すのは寂しい限りだが、当地における演劇の灯《ひ》まで消してしまってはならない。近い将来の再建を切に願うばかりである。

名古屋といえば尾張徳川家のお膝元。文化的にも高い水準が保たれていることは明らかである。しかし、それをことさらに表立たせぬところが、どうも土地柄のような気がしてならない。それは、悪友から「名古屋の店には隠れた名品があるねん」と言われた時、実に意外と思ったからである。

よくよく歴史を考えてみれば当たり前のことなのではあるが、そこをそう感じさせないところが名古屋らしいと思ってしまう。現に今まで何度となく訪れてはいるが、不思議と古美術商に入ったことがない。いや、見かけたことがない。でも、ないはずはない。ではひとつ、その悪友に自身の言葉を証明してもらうべく案内してもらいましょうか。

公演の合間ということで、劇場近くの某店を選んでくれた。連れ立った面々はというと、どれも古きモノに憑《つ》かれた重病人ばかり。成る程、店構えというか、立地というか、まさにひっそりと目立たぬ佇まいである。これでは気づかぬ筈《はず》だ。いささか不安を抱えながらも階上の一室に通されたが、内部は外見からは想像できないほどの造りである。事前に好みを伝えておいてくれたらしく、部屋の隅には数点の風呂敷包みが既に用意されていた。しかも、そのどれもがこちらの好みの大きさとくるから、気になって仕方が無い。

主人の挨拶を受けるも、視線は獲物から一寸たりとも離れない。案に違《たが》わず、出された品の数々は素晴らしいものばかりだった。そこで気になるのが値段である。こればっかりはどうも「いくらですか」とは切り出せない。かといって値を聞かずに買い物をするほどの度胸もない。

結果、「これはその〜」とか「世間での相場はだいたい〜」などと、窮屈でまどろっこしい物言いになってしまう。まさに隔靴掻痒《かっかそうよう》の感である。

鶏龍山徳利

美濃唐津盃

三島盃

志野盃　北大路魯山人旧蔵

粉引盃

古美術の世界が敬遠されがちな要因のひとつに、商品の価格が明確でないということがあると思う。大概《たいがい》の人が抱くイメージは、昼なお薄暗い店の奥から老獪《ろうかい》な主人が眼鏡越しに客の品定めを行い、まるでこちらの懐具合《ふところぐあい》を見透かしたように価格が設定されてゆくというものではないだろうか。買い手側の恐怖たるや、値段が書かれていない寿司屋のようなもので、注文する度《たび》に冷や汗をかかねばならず、優雅に味を楽しんでいるどころではない。時価といえば聞こえがいいが、なかなかどうして、こいつが一番の曲者《くせもの》で、双方に余程の信頼関係がない限り、疑心暗鬼が募るばかりとなってしまう。

そこで古美術を手にするために必要な条件を独断と偏見で挙げるとするならば、相当の覚悟と半ばの開き直りだと思っている。狼狽《ろうばい》を気取られたら最後、店主の思う壺にはまることとなるからだ。しかし最も大事なことは、好きであるということ。その物に愛情があるかないか。これがあればどんな困難をも乗り越えられるはず。

翻《ひるがえ》って名古屋での話。ずらりと並べられた中には、唐津が二つも入っているではないか。今までの経験から、だいたいの値踏みをしてみるが、この場合、希望的観測からどうしても安い方へ安い方へと傾いていってしまう。しかも、ご当地は初参戦なので相場がわからない。

切り出そうか出すまいか逡巡していると、何やら名刺大の白い紙が数枚回ってきた。まず左隣の友人が、まるでブラックジャックの手の内を見るように、慣れた手つきで捌《さば》いてゆく。次は自分の番だ。初めて茶席に招かれた客のように、緊張しつつも見様見真似で同じ動作を繰り返す。恐る恐る手札をめくれば、開けてびっくり玉手箱。なんと、それは正札《しょうふだ》だったのである。よくよく考えれば、値札があるというのは商売上ごく当たり前のことなのだが、その当たり前のことが、却《かえ》って斬新に映るのがこの世界なのである。

驚いて友人の顔を見ると、ニヤリとして彼がひと言、「魔法のお札や」。なるほど、これですべてが丸く収まる。われわれ重篤《じゅうとく》患者には、何とも霊験《れいげん》あらたかな護符ではないか。

無地唐津盃

燿《よう》州《しゅう》窯《よう》の輝き

子供の時分は、時間がたつのが早いと託《かこ》つ大人たちの気持ちがまったく理解できなかったが、自分がその年齢になってみると、なるほど、歳月は流れる水のごとく我が手指の間からこぼれてゆく。それでも我々は生きている限り、時間というその水をすくい続けねばならない。

平野古陶軒は、東京の京橋に店を構える。主に東洋陶磁や金石を扱う美術商で、初代が一九三六年の二月二十六日、まさに二・二六事件当日に大阪で創業して以来の老舗である。現在の主人は、三代目の龍一氏。今から数年前、彌生画廊（東京）で開催された梅原猛先生の書展を訪れた折、そこで修業時代を過ごしていた氏と出会った。暁星《ぎょうせい》の先輩後輩ということで、以後、催しのご案内を送っていただくが、こちらはなかなか時間が取れずに無沙汰《ぶさた》ばかり。

そんな一方通行が数年続いたある日、氏から一通の書状が届いた。父上から古陶軒の主人の座を受け継いだ旨が書かれてあった。歌舞伎でいえば、代々伝わる大名跡を襲名したというところ。四つ年上である氏の門出は、同世代としてたいへん喜ばしいことである。

代替わりを機に現在の地に移された新たな居城を、陣中見舞い方々一度訪れねばと思いながらも、例のごとく、いたずらに月日ばかりが過ぎて行った。いや、忙しさばかりが理由だったのではない。浪曲師の桃中軒ではないが、古陶軒という古風な名前から連想されるいかめしさが、気に掛かりながらも足を運ぶことをためらわせていたのだ。しかし、それは杞憂《きゆう》に終わった。

二〇〇九年の十一月のこと。ビルの谷間のそぞろ歩き。ふと目に留まった小さな看板。扁額《へんがく》風のしゃれたその板には、萌葱《もえぎ》色の文字で「古陶軒」。一見、今流行のダイニングと見まごうほどの清楚《せいそ》かつ洗練されたデザインの建物。入り口の古陶器がなかったら、ここが古美術商だとは夢にも思わないだろう。実際、店内には現代作家の絵画が程よい間隔でもって飾られており、ギャラリーと呼んだ方がふさわしい雰囲気である。このセンスの良い店構えは、そのまま店主の古美術に対する心構えでもあるように思う。

東洋陶磁について全くの初心者に、龍一氏は貴重なコレクションを並べながら丁寧に教示して下さった。同じ青磁でも、宋のそれには厳しさがあり、時代が元、明と下るに従って、その厳しさが徐々に失われてゆくのである。中でも燿州窯《ようしゅうよう》の碗《わん》の、一寸の隙《すき》もない造りと美しさは、現代の作家物といっていいほどの鮮やかさである。とても七百年以上もの時空を超えた器だとは信じられない。氏の祖父、つまり初代によると、本当に古い物はどこまでも新しくなければいけないそうである。禅問答のような教えだが、目から鱗《うろこ》。この言葉は伝統に携わる者すべてが、深くその胸に刻んでおくべき格言であるように思われる。

自身に立ち返って、われわれは果たして、時代を超越する何ものかを次世代に残すことができるのであろうか。温故知新。伝統を守るということは、故《ふる》きをただむやみに遵守《じゅんしゅ》することではなく、故きものの中に、永久不変の輝きを見つけ出すことなのではないだろうか。だとしたら、その輝きをこそ、この命を懸けてゆきたいと思っている。

藍九谷徳利

樂左入作　黒楽茶碗　銘「初瀬山」

古信楽茶碗　銘「角戸」

奥高麗茶碗　銘「一ツ家」

弥七田織部盃

鶏龍山徳利

三島徳利

斑唐津盃

志野盃

古伊万里盃

刷毛目盃

志野盃　銘「山猿」

朝鮮徳利

縄文壺　縄文時代晩期

仏教雑感

仏教とは何であろうか。これはたいへん難しい命題であり、そう簡単に答えが導き出せるものではない。世にお釈迦様が説かれたとされているお経と呼ばれるものも、実は入滅後だいぶ経ってから弟子たちによって編纂《へんさん》されたものがそのほとんどであり、純粋な釈尊自身の言葉が書き残されている経典はほんのわずかだという。

このお経にはパーリー語やサンスクリット語などの訳があるが、普段われわれが目や耳にするものは、主に鳩摩羅什《くまらじゅう》や玄奘三蔵《げんじょうさんぞう》によって漢語に訳されたものである。様々な土地や人間の手、或《ある》いは時間を経ることで変容を遂げる。仏教もこの宿命を避けることができなかった。我が国に伝わった大乗仏教も、本来の仏教ではないといわれている。

一方、お釈迦様の教えを最も伝えているといわれているのが、タイやスリランカで主流となっている上座部《じょうざぶ》仏教である。日本で長年にわたって布教活動を続け、多くの著書を出しているスリランカ上座部仏教の長老であるアルボムッレ・スマナサーラ師によれば、ブッダの教えは論理的な心の科学であり、誰でもが実践できるごくシンプルなものであって、そこに信仰は必要ないと定義されている。この感覚は日本人にはなかなかわかりにくい。

日常生活を送る中で一般的に仏教と関わる機会といえば、お葬式かお墓参り、または初詣くらいしかないのではないだろうか。現に日本仏教は葬式仏教、祈禱《きとう》仏教と呼ばれているように、生活規範としての側面はすっかり影をひそめてしまっている。これは修験道に見られるような日本古来の土着的な習俗が多分に影響したためと思われるが、とにかく、われわれが感じている仏教と、本来の仏教との間には大きな隔たりがあることだけは間違いない。だからといってそれを否定する必要はなく、文化の受容形態の一つの在り方として受け入れればよいと思っている。

なんだか漠然とした話になってしまったが、東日本大震災における僧侶の葛藤を追った番組をきっかけに、仏教とは何なのか、仏の救いはあるのだろうかということを考えている。

新羅仏

名前の継承

四代目として猿之助の名跡を襲名してから早いもので一年が経った。長年親しんできた亀治郎という名前は、いわば自分の分身のようなものであるから、当初は一抹の寂しさや未練にも似た思いがあったが、今ではすっかり馴染《なじ》んでいる。

これは新しい洋服が着慣れてくる感覚に似ている。襲名してすぐは何かと戸惑うことも多かったが、昨日まで別の人間を呼んでいたものがいきなり自分を指すようになるのだから、当然といえば当然のことである。しかし面白いことに、どうも本人より周囲の人たちの方がその困惑の度合が大きいらしい。前名で呼んでしまった時の恐縮ぶりなどは、こちらが申し訳なくなる程である。

そもそも普通に生活する中で、名前がまるまる変わってしまう体験はなかなかないであろうが、日本の伝統に関わる分野ではまだまだこの風習は残されている。「名を襲《かさね》る」ことは、即ち「生命を襲る」ことである。代々の名を受け継ぐことで、そこに宿る代々の生命をも受け継ぐ。だから、それは〈襲命〉でもある。

亀治郎から猿之助になったからといって、自身の中身が変わったわけではない。少なくとも自分ではそう思っている。まして役者としての器量が上がるわけでも、巧《うま》くなるわけでもない。そんなことで化けられるなら、毎年でも襲名している。しかし、周りの少なからぬ人たちからは、頻《しき》りに変わった変わったと言われる。こちらとしては少しも変わったつもりがないから、ただただ他人事のように聞いているしかないのだが。

日本には言葉に特別な力があるとする言霊信仰がある。襲名の習俗も間違いなくここに起源を持っていると思われるが、その古い例がヤマトタケルではないだろうか。彼は熊襲《くまそ》征伐の折、その首長から、並びなき強い男に与えられる称号であるタケルの名を譲られている。ここで名前と共に猛《たけ》き神としての性格が付与されるのである。

子供に親の名前の一字を付けたり、使用する漢字にこだわったり、果ては死後の名前である戒名を求める背景には、こうした言葉に対する日本人の繊細な感覚が働いているように思われる。

古瀬戸水滴　桃山時代

雌伏の時

またいつもの癖が出てきた。ここのところ、どうも骨董熱が冷めかけているようでイケない。いや、何もイケなくはない。どうしようもない病から抜け出せつつあるのだから、むしろ喜ぶべきことではないか。

憧れの君に出会えば、寝ても覚めてもそのことばかり。わが掌中にするまでは、仕事もろくに手につかない。恋は盲目とはよく言ったものだ。やっとの思いで手にすれば、後に待っているのは尽きることなき借金地獄。催促のないだけに余計に感じる心の負い目。この病に罹《かか》っていいことなどひとつもない。久しぶりに波風の立ち騒ぐことがない平穏なる日常。唐津の筒盃を目にしようが、粉引《こひき》の茶碗を出されようが、泰然自若《たいぜんじじゃく》である。

あれほど躍起になっていた味付けのための晩酌も最近はすっかりご無沙汰となり、一日の終わりに茶を喫していたことさえ遥か昔のような気がしてしまう。ふと傍《かたわら》を見やれば、過去に同じような憂き目にあった豊国や国貞が描いた役者絵たちが堆《うずたか》く積まれているではないか。全盛期には浮世絵学会での講演にはじまり、展覧会の音声ガイダンスや美術系雑誌の取材、果ては海外のオークションにまで参戦していたことを思えば、まさに兵《つわもの》どもが夢の跡である。

では、人間の業ともいうべき執着の煩悩から完全に解脱したかといえば、未だにコレクションを手放せないところをみると、これまた残念ながらそうでもないらしい。

つまりこれは、満足してしまっている状態ということなのか。これは非常に危険だ。エジソンにしろ法然にしろ、偉業を成し遂げた人物に共通するのは、巨大な心の闇である。自分の置かれた現状へのどうしようもない不満が、彼らを突き動かした最大の原動力なのではなかったか。とすれば、現在の自分は進みもせず、退きもせず、ただただ手を拱《こまね》いているだけではないのか。

しかしながら、魅力ある品に出会えていないのも事実である。これぱっかりはどう足掻《あが》いてみたところで、どうしようもない。ここはひとつ雌伏の時期と腹を括《くく》り、ひたすら沈黙を守り耐え抜くのも、時として人生に必要な知恵なのかもしれない。

絵唐津小服茶碗

風を感じる

二〇一三年の夏は猛暑を超す記録的な暑さだったとか。なるほど一歩外へ出ると肌を刺すような陽射しは、初めてイタリアを旅した折の焼けるような夏を思い起こさせたものだ。立秋とは名ばかり、暦と季節感のズレはいい加減どうにかならないものか。とはいえ、日中の茹《う》だるような暑さは変わらずとも、そよぐ風に何となく涼しさが感じられる晩に虫が鳴けば、やはり秋なんだとも思う。

季節の変化は真っ先に風に表れる。感触が明らかに違う。そして匂い。春の来訪を告げる風は柔らかく、秋のそれは何処かに寂しさを宿している。まさに風が季節を運んでくると言えよう。

しかし、風が運ぶものはそれだけではない。風は恋しい人の訪れの先触れでもあった。万葉の歌人・額田王《ぬかたのおおきみ》は、想い人の来訪を告げるものとして、秋風が宿の簾《すだれ》を動かしたことを歌に詠んでいる。何かが訪れるとは、音と共にやって来る。

つまり、音連《おとづ》れであった。漢字研究の第一人者である白川静氏は、音とは神の「音ない（音を立てること、訪れ）」であり、音によって示される神意・神のお告げである、としている。

いや、風だけではない。蜘蛛もまた、何者かが訪ねて来る予兆であった。「我が背子が　来べき宵なりささがにの　蜘蛛の振る舞ひかねて著《しる》しも」これは美しさが衣を通り抜けて輝いていた衣通姫《そとおりひめ》の恋歌であるが、ちなみに中国では衣服に蜘蛛が付くと親客が来訪するという俗信があるそうだ。

その昔、天地自然と人間は自由に交感し合っていた。そこでは、自然現象は何者かの意思の表れであり、人にはそれを察する感性があった。果たしてわれわれには音に色を見ることができるだろうか。進歩と引き換えに何か大切なものを失ってしまったのではないのか。

何もかもが狂ってしまったような世の中になっても、狂いもなく風はちゃんと吹いている。そして、虫たちはしっかりそれを感じている。目に見えないものの大切さ。当たり前のように教えられてきたことが、進歩という美名の下にどんどんと殺戮《さつりく》されてゆく。どんなに忙しくとも、勇気を出して立ち止まってこそ、見えてくるものがあるような気がする。

唐津小服茶碗　銘「中洲」

物が語るものがたり

この執筆も編集者の熱意に負けて引き受けたものの、毎回のように締め切り日を過ぎてしまい、いろいろと迷惑を掛けてしまった。いついつ迄《まで》という期限を決められると、どうも切迫感が先に立って筆が思うように進まない。かといって、いつでもどうぞという訳にはいかない話だ。本来は自然分娩が理想なのだが、仕方なく帝王切開に踏み切ることになる。それでも二年続いたのだから、両者がよほど根気よかったのだろう。決められた期日に入稿をすることがプロの条件ならば、自分は物書きにはつくづく向いていないことがよくわかった。

連載の題名「亀遊笑覧《きゆうしょうらん》」は、喜多村信節《のぶよ》による江戸後期の随筆『嬉遊笑覧』を捩《もじ》ったものだが、亀から猿へと名前も変わり、ちょうど区切りのいい頃となった。

そもそもこの執筆を決めた背景には、旧友との再会によって再沸騰した骨董熱があった。親戚の叔父の影響で古い陶磁器に興味を抱いたのが、確か中学生の頃だったと記憶している。蕎麦猪口《そばちょこ》だったり、なます皿だったり、いわゆる生活骨董と呼ばれる部類のものであった。鎌倉の長谷寺脇の古道具屋で五枚一組の皿を買ったことをよく覚えている。その当時はまだ、お小遣いをはたけば何とかそれらが買えたのだ。やがて、熱しやすく冷めやすい性格から興味の対象は役者絵へと移ってゆく。第一次骨董ブームの終焉である。

そして第二次。始まりは無地唐津の沓盃だった。いくら生活の雑器であるとはいえ、およそ法外な値の付く代物。しかしながら、それに付属する価値はというと、数寄者には計り知れないものがある。それなりのものは、やはりそれなりにするのである。

不思議なもので、若い時分にはただの汚れにしか見えなかったシミが何とも言えぬ味わいとなって感じられ、ただの物でしかなかった器に人の物語を垣間見る《かいま》ようになった。もちろん二つと世にない品物との出会いを求めて渉猟《しょうりょう》するのだが、ひょっとすると、独自の哲学を静かに語る店主に会いたくて懲りもせず出掛けてゆくのかもしれない。

果たして自分はどんな物語を器たちに託せるだろうか。

唐津無地筒盃　銘「東方朔」

井戸脇徳利

終わりのはじまり

思うままを自由に書き散らしてきた二年間だが、楽しくもあり苦しくもあり。少なくとも何事にも飽きっぽい性格の自分が、否が応でも〈物〉と対峙する時間を連続して持てたことは感謝しなければなるまい。そして、つくづく古美術は罪なものだと思わざるを得ない。愛好者をして無限の煩悩《ぼんのう》に狂わしめ、ついには執着の鬼となす。

この最後の稿を書いている今、正直、心が揺れている。確かに、遺されている茶器なり、絵画なり、それなりの値打ちがある。名品ともなると、現在ではとても考えられないことだが、その価値が一国一城、あるいは、時として人間の生命をも凌ぐことがあった。いや、そうした壮絶な経歴を持ったからこそ名品となったのだ。しかしながら、人の命より大切なものが、果たしてこの世にあり得るのか。

即座にないと断言してしまっては、先人たちが浮かばれないだろうが、少なくとも東日本大震災を体験し、未だに不自由な暮らしを強いられている方々のことを思えば、とても肯定する気にはなれない。

一方で、頃合いに変化した器の肌を愛でることを楽しみとし、もう一方で、「トロトロだね」「このケツがいいんだ」など、好き者同士で交わされる、素人には分かり難い言葉の数々を唾棄《だき》すべきものと呪う。骨董をこよなく愛する自分と、忌まわしく思う自分。相反する自己が同時に存在しているが、そのどちらが正しいのか。そう簡単に答えが出る問題ではないだろう。だがこれからも、この両者の狭間で迷いつつ、古美術に関わり続けるのかもしれない。

思えば、茶の湯が流行したのは人命が軽んじられる戦国の世であった。血で血を洗うような殺伐とした中で、まるでその血を吸ったかのように美が輝き出した時代だ。千利休も、古田織部も、美というものを命懸けで守った殉教者たちだったのではないのか。乱世を生き抜いた彼らの在り方が、前述の問題の、ひいてはわれわれ伝統の世界に生きる者たちが抱える世間との関係性の、大事なヒントになるかもしれない。

政
桃山類
第一七九號

絵唐津文字入茶碗　石橋家旧蔵

後記

　この本の大半は、「亀遊笑覧」と題して、二年間に亘《わた》って連載したものである。文筆を活計とする身でもない上に、専門的な茶道雑誌への寄稿ということもあって、初めはお断りしたのだが、担当者がえらく熱心であったため、好きな骨董の話ならばということでお受けすることにした。その折に出した条件が、大胆不敵にも単行本としての書籍化であったが、こうすれば、もしかしたら諦めてもらえるかもしれないと考えてのことだったが、案に相違で、あっさりと快諾されてしまった。こうなれば潔く覚悟を決めるしかない。

　連載時は、下手の横好きで自らカメラを手にして撮影した所蔵品の写真を掲載したのだが、やはりセンスの欠片《かけら》もないことは明らかであり、掌中に収まる盃が、まるで茶碗の如き大きさに写っているものもある。そこで、今回の出版にあたり、親交のある写真家・渞忠之《みなもとただゆき》氏に、未公開の品も含めて撮り下ろしてもらった。これぞ本来の姿である。

　こうして改めて眺めてみると、われながらよくも集めた、いや、集まってくれたものだと思う。そのどれもが、この世にたったひとつきりの物であって、望んだからといって手に入れられるものではない。そこには、縁というものがある。一癖も二癖もある骨董屋の主人たちが取り持つ縁があってこそ、初めて手にすることが出来る。僕がせっせと骨董屋通いを続ける理由。それは、彼らに会うためなのかもしれない。

連載の間に、亀治郎から猿之助を襲名した。当時は（そして今でも時々）、何か変わりましたかという質問をよく受けたものだが、名前が変わったからといって急に人格が変わるわけでなし、別人になれるくらいなら、何回でも襲名したいくらいだ。変わったとすれば、それは、周囲の見る目が変わったのだと思う。僕はこれからも、相変わらず僕であり続ける。そして、流れる時の中に変わらないものを、この〈猿の眼〉で、しっかりと見続けてゆきたいと思っている。

二〇一六年　二月吉日

四代
市川猿之助

市川猿之助　いちかわ えんのすけ

東京生まれ。父は四代目市川段四郎、伯父には三代目市川猿之助。九代目市川中車は従兄弟にあたる。慶應義塾大学文学部国文科卒業。一九八〇年七月歌舞伎座『義経千本桜』の安徳帝役で初御目見得。一九八三年七月歌舞伎座『御目見得太功記』で、二代目市川亀治郎を名乗り初舞台。二〇〇八年度芸術選奨文部科学大臣新人賞受賞。二〇一二年「二代目猿翁　四代目猿之助　九代目中車　襲名披露公演」において、四代目市川猿之助を襲名。古典作品はもちろん、二〇一五年には人気漫画『ＯＮＥ　ＰＩＥＣＥ』を題材とした「スーパー歌舞伎Ⅱワンピース」を上演するなど、新作歌舞伎にも意欲的に取り組んでいる。趣味は骨董蒐集。縄文土器から李朝や唐津の陶磁器まで幅広く蒐集し、本書籍に掲載されている陶磁器類はすべて本人のコレクションである。

本書は、月刊誌『なごみ』連載（二〇一二年一月号～二〇一三年十二月号）及び、日本経済新聞連載「プロムナード」の一部（二〇一〇年一月五日・六月二十五日）に、加筆、写真を増補してまとめたものです。

猿の眼

僕ノ愛スル器タチ

平成二十八年二月十八日　初版発行

著者　市川猿之助
発行者　納屋嘉人
発行所　株式会社 淡交社
本社　〒六〇三-八五八八 京都市北区堀川通鞍馬口上ル
営業　〇七五（四三二）五一五一
編集　〇七五（四三二）五一六一
支社　〒一六二-〇〇六一 東京都新宿区市谷柳町三十九-一
営業　〇三（五二六九）七九四一
編集　〇三（五二六九）一六九一
http://www.tankosha.co.jp

印刷・製本　図書印刷株式会社

ISBN978-4-473-04058-9

定価はカバーに表示してあります。
落丁・乱丁本がございましたら、小社「出版営業部」宛にお送りください。
送料小社負担にてお取り替えいたします。